MAXIMIEN

TRAGEDIE,

SERA REPRESENTÉE
AU COLLEGE
DES BARNABITES
DE MONTARGIS,
POUR LA DISTRIBUTION DES PRIX
Donnez par Son Altesse Serenissime Monseigneur

LE DUC D'ORLEANS,

Le   Août 1738, à une heure précise.

A PARIS,
Chez **CHIPPIER**, ruë Saint Jacques, à S. Antoine.

M. DCC. XXXVIII.

ARGUMENT.

MAXIMIEN avoit été forcé d'abdiquer l'Empire, mais son ambition ne lui permettant pas de vivre dans cet état, il conspire contre l'Empereur Constantin. Pour réüssir plus aisément, Albin, d'intelligence avec lui, accuse de cette conspiration Fausta, Fille de Maximien, Epouse de Constantin & Aurele. Maximien, à la faveur des Gardes, qu'il avoit corrompus, entre dans la chambre de l'Empereur, pour le poignarder dans son lit ; mais il ne tuë qu'un Esclave, que Constantin y avoit fait placer, sur les avis qu'on lui avoit donné. Maximien ayant reconnu son erreur refuse le pardon que lui offre Constantin, avec la moitié de l'Empire, & se tuë.

Diront le Prologue,

FRANÇOIS-XAVIER BLANCHET, Pensionnaire,
de Ville-neuve Larchevêque.

ISAAC BALDUC, Pensionnaire, de Sens.

LOUIS LA HAUSSOIS, de Montargis.

La Scêne est à Marseille, dans le Palais de Constantin.

ACTE PREMIER.

AURELE attendant l'Impératrice, à qui il avoit fait demander un entretien, rencontre Sergeste, Lieutenant des Gardes, qui le presse de quitter le dessein qu'il avoit de se retirer. Maurice avertit Aurele que l'Impératrice va le joindre; & sur le trouble qu'Aurele fait paroître, il lui reproche ses liaisons avec Maximien. Aurele se justifie & le prie de rester pour être témoin de son entretien avec Fausta. Cette Princesse étonnée d'apprendre que Maximien, son Pere, a voulu engager Aurele à tuer l'Empereur, a peine à le croire : convaincuë enfin par la sincérité d'Aurele, elle le prie de vouloir bien la secourir; mais il la quitte pour aller demander à l'Empereur la permission de se retirer. Fausta saisie de douleur, épanche son cœur devant ses confidentes, Eudoxe & Pulchérie; cette derniere prie Maurice de faire ses efforts pour retenir Aurele, dont il avoit été le Gouverneur.

A ij

ACTE II.

EUDOXE venant d'avertir Maximien que l'Impératrice le demande, rencontre Sergeste, à qui elle laisse entrevoir le sujet des inquiétudes qui tourmentent Fausta. Leur entretien est interrompu par Maximien, qui fait connoître à Albin, Vice Préfet du Prétoire, l'embarras que lui cause l'empressement de l'Impératrice à le voir. Albin lui apprend qu'Aurele l'a trahi, en découvrant à Fausta la conjuration. Maximien en doute, mais il est bien-tôt éclairci par le trouble de Fausta & les reproches qu'elle lui fait. Il veut dissimuler, mais en vain. Ils sont interrompus par l'arrivée de l'Empereur, qui, surpris du chagrin qu'il voit paroître sur le visage de son épouse, & croyant en découvrir le sujet dans ses yeux, rend toute son amitié à Maximien. Pulchérie, demeurée seule avec Aurele, lui demande s'il croit que Maximien puisse céder à tant de générosité. Maximien vient declarer à Aurele qu'il renonce à toute conspiration ; mais seul avec Albin, il lui raconte ce qu'il a découvert & ce qu'il a fait à l'égard d'Aurele. Albin lui promet de lui livrer l'Empereur.

ACTE III.

CONSTANTIN averti par Albin d'une nouvelle conju- ration, le charge d'en découvrir toute la suite. Toûjours allarmé de la tristesse de son épouse, il lui en fait des repro- ches : Elle le presse d'écarter son Pere & tous ses partisans, sous quelque prétexte honorable, ou du moins de changer sa Garde & d'en donner le Commandement à Aurele. Il lui ac- corde cette derniere grace. Maximien vient féliciter l'Empe- reur de ce qu'il est sauvé d'un nouveau danger. Albin survient, & après quelques défaites, il declare qu'Aurele est un des Chefs de la conjuration. Constantin en marque sa surprise, lais- sant échapper qu'il avoit eu dessein de le nommer Préfet du Prétoire à la priere de Fausta ; ce qui donne occasion à Maxi- mien de paroître troublé. Albin, avant de continuer, engage l'Empereur à faire retirer tout le monde, & lui déclare que Fausta avoit eû des entretiens avec Aurele ; ce qui jette l'Em- pereur dans de terribles transports. Eudoxe vient demander à Albin si Maximien est coupable, il lui assure qu'il ne l'est pas ; mais comme il ne veut point nommer le coupable, elle doute & témoigne à Sergeste sa peine, & celle de l'Impératrice.

ACTE IV.

MAXIMIEN témoigne à Albin la crainte qu'il a pour sa fille. Albin le rassure en lui promettant d'empêcher qu'il n'arrive aucun mal à Fausta. L'Empereur prend Maximien pour Juge entre lui & Fausta. Comme Maximien se jette aux pieds de l'Empereur, Fausta qui n'est pas instruite de ce qui se passe, croit que son Pere avoüe sa faute, & s'unit à lui pour presser son Epoux de pardonner encore à Maximien. Mais quelle surprise ! Elle ne reçoit que des reproches sanglants ; & ne comprenant rien à ce mystere, elle force son Pere de s'avoüer coupable ; aveu qui ne sert qu'à redoubler les soupçons de l'Empereur. Albin, qui par ordre du Prince avoit été chercher Aurele, rapporte qu'il a été tué par ses complices, & présente un billet adressé à Fausta, qu'on avoit trouvé sur Aurele. Ce billet, qui donnoit avis à Fausta que Constantin devoit être tué la nuit suivante, est regardé par l'Empereur comme une preuve manifeste de la conjuration. Fausta ressent une telle douleur de ne pouvoir ni sauver l'Empereur, ni se justifier, qu'elle tombe évanoüie. Cet accident jette l'Empereur dans une étrange perpléxité : & sur les soupçons qu'il forme contre Maximien, il charge Albin de l'arrêter ; ce qu'il exécute sur le champ.

ACTE V.

SERGESTE témoigne à Pulchérie l'étonnement que lui causent les fourberies de Maximien & d'Albin, & sort pour en faire instruire l'Empereur. Albin, qui ignore que son intrigue est découverte, félicite Maximien de ce qu'il va devenir Empereur, & l'invite à tuer Constantin. Pendant que Maximien y va, ce traître se retire, résolu de faire périr Fausta. Cette Princesse s'abandonne à toute la douleur que lui cause la perte de son époux, qu'elle regarde comme certaine, malgré l'avis qu'elle a reçu de Maurice que l'Empereur en seroit bien-tôt instruit. Eudoxe qu'elle a envoyée pour examiner la conduite de son Pere & d'Albin, & tâcher de rompre leur dessein, revient lui annoncer qu'on se dispose à l'empoisonner. En effet, un Garde paroît avec le poison qu'il présente à Fausta : comme elle veut l'avaler, elle en est empêchée par son Pere, qui lui annonce la mort de Constantin. Fausta lui reproche sa cruauté. Lorsque l'Empereur paroît, il déclare à Maximien qu'il n'a tué qu'un Esclave coupable, & lui ordonne de choisir le genre de mort qu'il voudra : mais, fléchi par les prieres de Fausta, il lui pardonne & lui offre la moitié de l'Empire. Maximien qui ne veut point de partage, rejette ces offres & se perce le sein.

NOMS ET PERSONNAGES
des Acteurs de la Tragédie.

MAXIMIEN , Pere de Fausta ,
JACQUES-AUGUSTE LE LARGE , Pensionnaire , de S. Fargeau.

CONSTANTIN , Empereur d'Occident ,
CHARLES GAULLIER , Pensionnaire ,   de Paris.

FAUSTA , Femme de Constantin ,
JACQUES-MICHEL BENTIVOGLIO , Pensionnaire , de Rome.

AURELE , Général des Armées ,
JEAN-FRANÇOIS THOMAS , Pensionnaire ,   de Merinville.

ALBIN , Confident de Maximien ,
PIERRE HUREAU ;   de Montargis.

SERGESTE , Lieutenant des Gardes ,
PIERRE SAINSARD , Pensionnaire ,   de Boëne.

MAURICE , ancien Gouverneur , & Confident d'Aurele ,
JEAN-BAPTISTE MALQUIS LEQUIN , Pensionnaire , de Paris.

EUDOXE , Confidente de Fausta ,
GABRIEL-DANIEL CHARTIER , Pensionnaire ,   de Gien.

PULCHERIE , autre Confidente de Fausta ,
JEAN-BAPTISTE DE CHAFFOY , Pensionnaire , de Besançon.

L'AMBITION

BALLET

POUR LA TRAGEDIE

DE MAXIMIEN,

QUI SERA REPRESENTÉE

AU COLLEGE

DES BARNABITES

DE MONTARGIS,

Le Août 1738, à une heure précise,

POUR LA DISTRIBUTION DES PRIX

Donnez par Son Altesse Serenissime Monseigneur

LE DUC D'ORLEANS.

A PARIS,

Chez **CHIPPIER**, ruë Saint Jacques, à Saint Antoine.

M. DCC. XXXVIII.

SUJET ET DIVISION DU BALLET.

LA Conspiration de Maximien contre Constantin, & la fin tragique de ce malheureux Prince étant l'effet de son ambition demesurée, on a crû devoir choisir l'Ambition pour le sujet de ce Ballet, & considerer dans les Entre-Actes.

1°. QUELS SONT LES CARACTERES DE L'AMBITION.

2°. LES PRETEXTES DONT ELLE SE SERT POUR SE DEGUISER.

3°. LES PEINES QU'ELLE ENTRAINE.

4°. LES REMEDES PROPRES A L'ETOUFFER.

OUVERTURE.

L'Ambition paroît sur la terre comme sur un Théatre très propre pour se distinguer. Comme la rapidité du tems qui détruit & renverse tout, lui cause de l'inquietude, la Vertu paroît avec le Silence & l'Immortalité. Celle-ci, ayant enchaîné le Tems, suit la Vertu qui va se presenter à l'Ambition : mais la vûë du Silence qui accompagne la Vertu effraye l'Ambition, ensorte qu'elle aime mieux suivre le Vice qui lui présente la Fortune & la Renommée. Alors, non contente d'avoir abandonné la Vertu, elle la chasse de devant elle, la Vertu se retire avec le Silence & l'Immortalité qui laisse le Tems en liberté : pendant que l'Ambition soutenuë du Vice court à la Gloire qui vole devant elle. Inutiles efforts ! le temps emmene la Gloire, & laisse la place à la Honte, l'Envie, & le Désespoir.

L'AMBITION, M. Fabry.

LE TEMPS, M. Dupays.

LA VERTU, M. le Moine.

LE SILENCE, M. Boisay.   L'IMMORTALITE', M. Cadot.

LE VICE, M. de Reuilly.

LA RENOMME'E, M. Marchand, Externe.   LA FORTUNE, M. Simon.

LA GLOIRE, M. Petit.

LA HONTE, M. Lequin. L'ENVIE, M. Bentivoglio. LE DESESPOIR, M. de Theys.

PREMIERE PARTIE

Les Caracteres de l'Ambition.

I. ENTRE'E.

Premier Caractere, LA TEMERITE'.

L'AMBITION entreprend volontiers des choses impossibles. Julien l'Apostat sçavoit que le Temple de Jerusalem ne pouvoit être rebati : il en fait jetter les fondemens, mais des feux qui paroissent, l'obligent de tout abandonner.

JULIEN, M. Bannaté.
OUVRIERS, MM. la Haussois, Joully, Blanchet, Marchand. *Pensionnaire*, Cousin, Botet.
Dansera seul, M. Bannaté.

II. ENTRE'E.

Second Caractere, LA FOLIE.

L'AMBITION est souvent aveugle & tombe dans des extravagances. Xerxes Roi des Perses voulant montrer sa Puissance, fait forger des chaînes par ses Soldats pour enchaîner la mer.

XERXES, M. Bentivoglio.
SOLDATS, MM. Dupays, de Theys, de Reuilly, Lequin, Petit, Collet, le Moine, Cadot.
Dansera seul, M. Bentivoglio.

III. ENTRE'E.

Troisiéme Caractere, LA VIOLENCE.

L'AMBITIEUX ne peut souffrir la paix. Les premiers hommes vivoient égaux, uniquement occupés de leurs Troupeaux, lorsque l'Ambition fit naître les Rois, qui armerent les hommes, & les partagerent en différens Royaumes.

BERGERS, MM. Marpon, Satin, Nailly, Botet.
ROIS, MM. Simon, Marchand, *Externe*.
Danseront ensemble, MM. Simon, Marchand.

IV. ENTRE'E.

Quatriéme Caractere, LA CRUAUTE'.

LES meurtres sont communs parmi les Ambitieux. Rémus & Romulus jettoient les fondemens de Rome. Rémus ayant sauté par dessus les murs, Romulus prit de là occasion de le tuer, & de se défaire d'un Rival.

REMUS, M. Dupays.   ROMULUS, M. Bentivoglio,
Suite de Rémus & de Romulus. MM. Fabry, de Theys, Petit, Bannaté.
Danseront ensemble, MM. Dupays, & Bentivoglio,

SECONDE PARTIE.

Les Prétextes dont l'Ambition se sert pour se déguiser.

I. ENTRE'E.

Premier Prétexte, LA PIETE'.

LES Grecs indignés du Sacrilége des Phocensiens, s'assemblent pour leur declarer la guerre. Philippe se fait nommer Géneral de toute la Grece, & par ce moyen devient le maitre de tout le Pays.

PHILIPPE, M. de Reuilly.
GRECS, M M. Cadot, Boissay, Marchand, *Externes.* Simon, Cousin, Marchand, *Pensionnaires.*
Dansera seul, M. de Reuilly.

II. ENTRE'E.

Second Prétexte, LA JUSTICE.

LES TITANS fâchez de voir Jupiter maître du Ciel, lui declarent la guerre sous prétexte de rétablir Titan leur pere. Ils se présentent avec des Arbres & des Rochers qu'ils lancent contre le Ciel, mais ils sont foudroyez.

TITANS, MM. Bentivoglio, Dupays, Fabry, de Theys, Petit, Bannaté.

III. ENTRE'E.

Troisiéme Prétexte, L'AMOUR DU PEUPLE.

TIBERIUS Sempronius Gracchus, & Caïus Sempronius Gracchus cherchans à s'élever, gagnent le Peuple par des largesses. Lorsqu'ils se croyent maîtres des Romains, ils sont tués, l'un par Cornelius Nasica, l'autre par Lucius Opinius.

TIBERIUS GRACCHUS, M. Blanchet.   CAIUS GRACCHUS, M. Joully.
ROMAINS, M M. Marpon, Satin, Botet, Nailly.
CORNELIUS NASICA, M. la Haussois. LUCIUS OPINIUS, M. Marchand, *Pensionnaire.*

IV. ENTRE'E.

Quatriéme Prétexte, SA PROPRE SEURETE.

EURITHYON ayant demandé de la part des Argonautes des vivres à Amicus Roi de Bithinie, vient leur annoncer qu'Amicus n'accorde l'entrée de ses Etats qu'à ceux qui lutteront contre lui. Amicus se présente, lutte contre eux, est vaincu par Pollux.

AMICUS, M. de Theys.
ARGONAUTES, MM. Petit, de Reuilly, Lequin, Bannaté, Colet, le Moine.
EURITHYON, M. Fabry.
Danseront seuls, M M. Fabry, de Theys.

TROISIEME PARTIE.

Les Peines qui suivent l'Ambition.

I. ENTRE'E.

Premiere Peine, LA COLERE DES DIEUX.

LE POETE STHESICORE, s'étant élevé contre les Dieux, est aveuglé par Castor & Pollux, & pour comble de malheur Apollon lui arrache sa Lyre & lui donne une Vielle, au son de laquelle il fait danser les Paysans.

STHESICORE, M. Fabry.
CASTOR, M. le Moine.   POLLUX, M. Marchand, *Externe.*
APOLLON, M. de Reuilly.
PAYSANS, MM. Dupays, Bentivoglio, Petit, Lequin, Boisay, la Haussois.
Danseront seuls, MM. Fabry, de Reuilly.

II. ENTRE'E.
Seconde Peine, LA HAINE PUBLIQUE.

LA CHUTE de l'ambitieux le rend méprisable. Les Syracusiens ne pouvant plus supporter l'ambition de Denis le Tyran, appellent à leur secours Timoleon, qui déthrone ce Prince & le réduit à un état si triste, qu'il est obligé d'enseigner des Enfans.

DENIS LE TYRAN, M. de Theys.
SYRACUSIENS, MM. Simon, Cadot, Marchand, *Pensionnaire.* Joully, Blanchet, Cousin.

TIMOLEON, M. Bannaté.
ENFANS, MM. Marpon, Satin, Hailly, Botet.
Danseront seuls, MM. de Theys, Banneté.

III. ENTRE'E.
Troisiéme Peine, LE DESESPOIR.

ACHILLE étant mort, Ulisse & Ajax en présence des Princes Grecs disputent pour ses armes : mais l'éloquence d'Ulisse l'emporte, ce qui jette Ajax dans une telle fureur qu'il se tuë.

ULISSE, M. Dupays.   AJAX, M. Bentivoglio.
GRECS, MM. de Reuilly, Petit, Lequin, le Moine, Collé, Marchand, *Externe.*
Danseront seuls, MM. Bentivoglio, Dupays.

IV. ENTRE'E.
Quatriéme Peine, LA PERTE DE L'AMBITIEUX.

EMUS, Roy de Thrace, voulant égaler les Dieux, se fait adorer comme une Divinité, contrefaisant Jupiter, qui le change en Rocher.

JUPITER, M. Fabry.   EMUS, M. Bannaté.
THRACES, MM. Cadot, Boisay, la Haussois, Simon, Joubly, Marpon, Satin, Botet, Nailly.
Danseront seuls, MM. Fabry, Bannaté.

QUATRIEME PARTIE.

Les Remedes contre l'Ambition.

I. ENTRE'E.

Premier Remede, L'INCONSTANCE DES CHOSES HUMAINES.

LA rapidité du Tems & des Saisons, dont les plus belles sont bien-tôt remplacées par les plus tristes, & qui souffrent souvent des altérations sont le vrai Symbole de la vicissitude des choses humaines.

LE TEMS, M. Dupays.

LE PRINTEMS, M. Bentivoglio.   L'ETE', M. de Theys.
L'AUTOMNE, M. Fabry.   L'HYVER, M. Petit.

II. ENTRE'E.

Second Remede, L'EGALITE' DES HOMMES.

L'ORIGINE des hommes est la même. Promethée les forma d'argile & les anima du feu du Ciel.

PROMETHE'E, M. Marpon.

STATUES, MM. Joully, Blanchet, la Haussois, Cousin, Marchand, *Pensionnaire*. Nailly, Botet, Satin.
Dansera seul, M. Marpon.

III. ENTRE'E.

Troisiéme Remede, LE REFUS DES HONNEURS.

ABDOLONIME cultivoit son Jardin, lorsque les Officiers d'Alexandre vinrent lui présenter la Couronne de Sidon, il l'a refusa constamment jusqu'à ce qu'il fût forcé par Aléxandre de la recevoir.

ABDOLONIME, M. de Theys.   ALEXANDRE, M. le Moine.
OFFICIERS D'ALEXANDRE, MM. Lequin, Colet, Boisay, Cadot, Marchand, *Externes* Simon.
Danseront seuls, MM. de Theys, le Moine.

IV. ENTRE'E.

Quatriéme Remede, L'AMOUR DE LA VRAYE GLOIRE.

LES Centaures & les Lapithes ayant eu querelle, en vinrent aux mains. Hercules qui voyageoit dans leurs pays, au lieu de profiter de leur division pour les opprimer, les reconcilie.

CENTAURES, MM. Bentivoglio, Dupays.
L'APITHES, MM. de Reully, Bannaté.

HERCULES, M. Fabry.

LA DEROUTE DE L'AMBITION,

BALLET GENERAL,

Qui sera dansé après la Distribution des Prix , & la Recitation d'une Ode , en Action de graces de la Liberalité de Son Altesse Serenissime Monseigneur

LE DUC D'ORLEANS,

Au nom de tous les Acteurs.

Par M. CHARLES GAULLIER , *de Paris.*

IL n'est point d'effort que l'Ambition ne fasse pour séduire les hommes. Elle paroît de nouveau accompagnée de l'Esperance & de la Renommée : mais quelque confiance qu'elle ait dans un tel secours, elle fait paroître la Fortune suivie des Héros qu'elle a formé. Ce spectacle saisit tellement les hommes qu'ils se livrent à l'Ambition , & lui rendent leurs hommages. Triomphe de peu de durée! Minerve dissipe tous ces prestiges , chasse la Fortune & ses Héros pour faire paroître Hercules , Castor , Pollux , Thesée , Jason , Persée , qui achevent la deroute de l'Ambition , & montrent aux hommes le vrai chemin de la gloire.

L'AMBITION, M. Bentivoglio.

L'ESPERANCE, M. Marchand, *Externe.* LA RENOMME'E , M. le Moine.

LA FORTUNE, M. de Theys.

HEROS DE SA SUITE, MM. Colet , Lequin , Boisay , la Haussois.

MINERVE , M. Dupays.

HERCULES , M. Fabry.	THESE'E , M. Petit.
CASTOR , M. de Reüilly.	POLLUX , M. Bannaté.
JASON , M. Cadot.	PERSE'E , M. Simon.

LES HOMMES DE DIFFERENTES NATIONS.

MM. Joully , Blanchet , Cousin , Marchand , *Pensionnaire.* Botet , Nailly , Marpon , Satin.

DANSERONT AU BALLET,

MESSIEURS, Pensionnaires.

JEAN-BAPTISTE BENTIVOGLIO, *de Rome.*

ETIENNE DUPAYS, *de Nemours.*

LOUIS FABRY, *de Gex.*

ANTOINE-FRANÇOIS DE THEYS, *de Paris.*

GEORGE-ROCH DE RACAULT DE REUILLY, *de Gien.*

JEAN-BAPTISTE BANNATE', *de Navarins.*

ANTOINE-PHILIPPE PETIT DE TREMENVILLE, *de Château-Landon.*

JEAN-BAPTISTE LE MOINE, *de Paris.*

JEAN COLET, *de Paris.*

CLAUDE-JEAN CADOT, *de Melun.*

PAUL DE BOISAY, *de Sancerre.*

FRANÇOIS-XAVIER BLANCHET, *de Villeneuve l'Archevêque.*

JEAN-BAPTISTE JOULLY, *de la Charité.*

JACQUES MARCHAND, *de Fontainebleau.*

PIERRE MARPON, *de la Charité.*

JACQUES SATIN. *de Montargis.*

MESSIEURS, Externes.

LOUIS LA'HAUSSOIS, *de Montargis.*

HILAIRE SIMON, *de Montargis.*

PAUL MARCHAND, *de Montargis.*

JEAN-BAPTISTE COUSIN, *de Montargis.*

ANTOINE DE NAILLY, *de Montargis.*

FRANÇOIS BOTET, *de Montargis.*

De l'Imprimerie de la Veuve DELORMEL, ruë du Foin, à sainte Geneviéve, 1738.